BEI GRIN MACHT SICH IHR
WISSEN BEZAHLT

- Wir veröffentlichen Ihre Hausarbeit,
  Bachelor- und Masterarbeit

- Ihr eigenes eBook und Buch -
  weltweit in allen wichtigen Shops

- Verdienen Sie an jedem Verkauf

Jetzt bei www.GRIN.com hochladen
und kostenlos publizieren

Bibliografische Information der Deutschen Nationalbibliothek:

Die Deutsche Bibliothek verzeichnet diese Publikation in der Deutschen National-bibliografie; detaillierte bibliografische Daten sind im Internet über http://dnb.d-nb.de/ abrufbar.

Impressum:

Copyright © 2019 GRIN Verlag
Druck und Bindung: Books on Demand GmbH, Norderstedt Germany
ISBN: 9783668994416

Dieses Buch bei GRIN:

https://www.grin.com/document/492685

Anonym

Realismus und Liberalismus. Ein Vergleich der Staatstheorien

GRIN Verlag

GRIN - Your knowledge has value

Der GRIN Verlag publiziert seit 1998 wissenschaftliche Arbeiten von Studenten, Hochschullehrern und anderen Akademikern als eBook und gedrucktes Buch. Die Verlagswebsite www.grin.com ist die ideale Plattform zur Veröffentlichung von Hausarbeiten, Abschlussarbeiten, wissenschaftlichen Aufsätzen, Dissertationen und Fachbüchern.

Besuchen Sie uns im Internet:

http://www.grin.com/

http://www.facebook.com/grincom

http://www.twitter.com/grin_com

Proseminararbeit im Teilbereich
Internationale Beziehungen

Realismus und Liberalismus
-ein Vergleich der Staatstheorien-

Inhaltsverzeichnis

1   Einleitung

Im Gefüge der internationalen Beziehungen herrschen eine Vielzahl von unterschiedlichen, teils sehr komplexen Machtgefügen und -konstellationen. Um diese besser darzustellen, bedient sich die Forschung einer breiten Masse von Theorien und Modellen, um den Aufbau und die Wirkungsmechanismen der einzelnen Staatstheorien besser aufzuzeigen. In dieser Arbeit möchte ich die Theorie des Realismus und des Liberalismus genauer untersuchen. Dabei ist mir wichtig, ihre klaren Unterschiede aufzuzeigen, jedoch auch zu beweisen, dass es durchaus Parallelen zwischen den beiden Theorien gibt, die betrachtet werden sollten.

2   Realismus

Als einer der Hauptvertreter des klassischen Realismus gilt Hans Joachim Morgenthau. Die Staatstheorie Liberalismus war eine der ersten Theorien die publik wurden und durch die man versuchte aufzuzeigen, wie das internationale System funktioniert und im Laufe des 20. Jahrhunderts entstand. Nach Morgenthau sind die Staaten hierbei die Schlüsselakteure, die in einem anarchischen System um Macht kämpfen. Es herrscht eine existentielle Unsicherheit der Staaten, wobei das Maß an Unsicherheit an den Kriterien Machtverteilung und verfügbarer Technologie gemessen wird.

Das wohl wichtigste Konzept im Realismus um staatliche Entscheidungen nachvollziehen zu können, ist das Konzept der Macht. Das nationale Interesse der Staaten liegt im Behaupten ihrer äußeren Macht gegenüber anderen Nationalstaaten, denn Macht garantiert das höchste Maß an Sicherheit.

2.1.   Grundannahmen

Im Zuge seiner Staatstheorie legte Morgenthau Grundannahmen fest, die seiner Theorie zu Grunde liegen.

Seine erste Grundannahme besagt, dass die Politik im Realismus von objektiven Gesetzen beherrscht wird, die ihre Wurzel in der menschlichen Natur hat. Hier wird eine Brücke zu Hobbes Mensch im Naturzustand geschlagen, denn die objektiven Gesetze seien „wahrnehmungsunabhängige Kausalitätsbeziehungen [...] die allgemeine Gültigkeit besitzen."[1]. Die Ziele eines Staatsmannes sind nach dieser Annahme also nur verständlich und nachvollziehbar, wenn man sie im Kontext mit politischen Handlungen betrachtet. Hierbei untersucht der Souverän seine Entscheidungen im Hinblick darauf, welche absehbaren Konsequenzen sie zur Folge haben könnten.

Der zweite Grundsatz legt fest, dass das Interesse nach Macht die entscheidende Kategorie in der Politik sei, da die internationale Politik ein stetiger Kampf um Macht ist. Schließlich macht „Macht [...] Politik zu Politik"[2]. Des Weiteren versetzt Macht die Außenpolitik der Staaten in eine autonome Sphäre[3], denn Außenpolitik ist nur möglich, wenn sie der innerstaatlichen, demokratischen Kontrolle entzogen wird.[4] Definiert man Macht als Interesse, lässt man die Betrachtung von Motiven und ideologischen Neigungen außen vor.[5] Das ist deshalb wichtig, da nicht die Motive des Staatsmannes für sein Verständnis von Außenpolitik bedeutsam sind, sondern seine geistigen Fähigkeiten, den Kern jener Politik zu verstehen, sowie seine politischen Fähigkeiten, die genutzt werden müssen, um sie in erfolgreiche, politische Handlungen zu übertragen.[6] Nach Morgenthau ist rationale Außenpolitik die einzig Wahre Außenpolitik, denn sie minimiert Risiken, maximiert Gewinne und erfüllt zugleich moralische Verhaltensregeln und Klugheit.[7] Doch erkennt der Staatstheoretiker ebenfalls die Gefahren, die das anarchische System den Staaten gegenüber darstellt[8]. Morgenthaus dritter Grundsatz besagt, dass das Konzept der Macht eine objektive, universell gültige Kategorie sei, was wiederum bedeutet, dass es von Zeit und Ort unabhängig ist.[9] Unter dem Machtbegriff versteht man hier die Herrschaft über Menschen durch Menschen mittels Staaten.[10] In der anarchischen Welt herrscht ein stetiger Kampf der Nationalstaaten um Macht, womit das Überleben zum höchsten außenpolitischen Ziel wird.[11] Aus diesem Grund sieht Morgenthau die *Balance of*

---

[1] Zürn 1994, S.309
[2] Krell 2004, S. 154
[3] Vgl. Morgenthau 1985, S. 5
[4] Vgl. Krell 2004, S. 154
[5] Vgl. Morgenthau 1985, S. 5
[6] Vgl. Morgenthau 1985, S. 6
[7] Vgl. Morgenthau 1985, S.10
[8] Vgl. Morgenthau 1985, S. 9
[9] Vgl. Morgenthau 1985, S. 10
[10] Vgl. Morgenthau 1985, S. 10
[11] Vgl. Dougherty/Pfaltzgraff 2001, S. 78

Power als beständiges Element im System[12] und als Mechanismus, der diesen reguliert.[13]

Der vierte Grundsatz besagt, dass moralische Prinzipien, die im Privaten gelten, nicht auf Staatshandlungen übertragen werden können.[14] Staatliches Handeln müsse demnach an anderen Maßstäben gemessen werden, denn die Verpflichtung des Staates gegenüber seinen Bürgern, ihnen Schutz zu gewährleisten, erfordert eine andere moralische Beurteilung.[15] Der Mensch allein orientiert sich an abstrakten, ethischen Prinzipien, wohingegen der Staatsmann die Folgen seiner Handlungen für andere bedenken und abwägen muss.[16] Dieses Beurteilen und Abwägen bezeichnet Morgenthau als politische Moral, die wiederum politische Klugheit erfordert.[17]

Im fünften Grundsatz erklärt Morgenthau, dass das moralische Begehren einer Nation nicht mit den moralischen Gesetzen des Universums gleichzusetzen ist,[18] denn lediglich Interesse in Form von Macht schützt vor moralischem Exzess und politischer Torheit.[19] Der Staatstheoretiker betont, dass nur ein Staatsmann, der die Gesetzmäßigkeiten der Macht kennt, sowohl seine politische, als auch seine moralische Pflicht erfüllen kann.[20]

Der sechste und letzte Grundsatz besagt, dass der Realismus eine intellektuelle, also auch moralische Einstellung zur Politik besitzt.[21] Mit intellektueller Einstellung ist gemeint, dass politische Handlungen ausnahmslos nach Machtkriterien beurteilt werden müssen, mit moralischer Einstellung meint Morgenthau das Einbeziehen der Facetten, die die menschliche Natur bietet, denn nach Morgenthau wäre „a man who was nothing but a „political man"[...] a beast"[22].

2.2 Strukturwirkungen

Nach Kenneth Waltz Buch *Theory of International Politics* gibt es drei relevante Strukturen des Internationalen Systems: die anarchische Ordnung, fehlende

---

[12] Vgl. Morgenthau 1985, S. 11
[13] Vgl. Dougherty/Pfaltzgraff 2001, S. 71
[14] Vgl. Morgenthau 1985, S.12
[15] Dougherty/Pfaltzgraff 2001, S. 77
[16] Vgl. Krell 2004, S. 154
[17] Morgenthau 1985, S. 12
[18] Vgl. Morgenthau 1985, S. 13
[19] Vgl. Morgenthau 1985, S. 13
[20] Vgl. Krell 2004, S.155
[21] Vgl. Morgenthau 1985, S. 13
[22] Morgenthau 1985, S.16

Arbeitsteilung und Machtverteilung bzw. Polarität der Staaten. Ebenfalls wichtig zu benennen sind auch technologische Ressourcen, da sie ebenfalls eine wichtige Rolle in der realistischen Theorie spielen.

Die Abwesenheit von Herrschaft und Arbeitsteilung bezeichnet Schimmelfennig als *strukturelle Konstante*[23], Machtverteilung und Technologie als *variable Konstanten* im internationalen System, die die Wirkung der Anarchie modifizieren[24]. Walz sieht jene Strukturen auf zweierlei Arten wirken: einerseits durch die Sozialisation der Akteure, andererseits durch den Wettbewerb unter den Akteuren. Auch definiert Walz die Struktur im internationalen System über die Position eines Staates im Vergleich zu den anderen: "Relation" is used to mean both the interaction of units and the position they occupy vis -à-vis each other. [...] How units stand in relation to one another, the way they are arrangend and positioned, is not property of the units. The arrangement of the units is property of the system."[25]

Das internationale System ist ein System souveräner Staaten.[26] Die Ordnung, die das Internationale System bestimmt, ist die Anarchie, bei der es keine Arbeitsteilung unter den Staaten gibt. Davon ausgehend ist also jeder Staat sowohl gleichrangig, als auch gleichartig, denn sie üben auf ihrem eigenen Gebiet die jeweils gleichen souveränen und umfassenden Herrschaftsfunktionen aus.

Diese Strukturwirkungen der Anarchie hat gleich zwei gravierende Folgen.

2.2.1 Primat der Autonomiesicherung

Durch die permanent vorherrschende existentielle Unsicherheit wird Sicherheit zum obersten Ziel eines jeden Staates. Dabei bedeutet Sicherheit für die Nation politische Autonomie und Souveränität zu sichern, also weiterhin eine unabhängige Herrschaft zu führen. Ist das gewährleistet, kann der Staat innen- und außenpolitische Ziele und Interessen, wie zum Beispiel Umweltschutz oder Menschenrechte, verfolgen. Es lässt sich feststellen, dass ein Staat immer seine ökologischen und ideologischen Ziele den sicherheitspolitischen Zielen unterordnen wird, um seine Unabhängigkeit zu bewahren.

---

[23] Schimmelfennig 2017, S.68
[24] Vgl. Schimmelfennig 2017, S.68
[25] Waltz 1979, S. 80
[26] Vgl. Schimmelfennig 2017, S. 69

2.2.2 Selbsthilfe und Machtstreben

In der Literatur wird von einem System der „Selbsthilfe"[27] gesprochen. Um also Sicherheit zu gewährleisten benötigt der Staat Macht, wobei militärische und militärisch nutzbare Ressourcen das wohl wichtigste Instrument zum Erhalt der Macht darstellen. Diese Verfügbarkeit physischer Zwangsgewalt, also beispielsweise durch bewaffnete Streitkräfte, gilt als wichtigste Machtressource im internationalen System[28]. Mit ihr verteidigen sich die Nationalstaaten gegen die Herrschafts- und Kontrollansprüche anderer Staaten im System. Diese Selbsthilfe und das stetige Machtstreben führen damit unweigerlich zu Machtkonkurrenz, indem anhand von militärischer Macht die Position eines Staates zu anderen gemessen wird. Ein Staat gilt demnach als „mächtig", wenn er mehr oder bessere militärische Mittel vorweisen kann als seine Konkurrenten. Resultierend daraus muss ein jeder Staatsmann Betrug, Abhängigkeit und relative Verluste durch andere Staaten fürchten.

Das wiederum führt auch zur Unfreiheit der Bürger hinsichtlich ihrer eigenen politischen Autonomie: die Sorge des Souveräns um Sicherheit, seine staatliche Verfügungsgewalt über gesellschaftliche Ressourcen und politische Geschlossenheit haben zur Folge, dass er seine staatlichen Kompetenzen auf Kosten der individuellen Freiheit und Rechte seiner Bürger ausdehnt[29].

Die internationale Machtverteilung ergibt sich aus der Zahl der Großmächte, die es im System gibt. Man spricht von einem unipolaren System, wenn es nur eine Großmacht im System gibt, von einem bipolaren, wenn gleich zwei Großmächte den Rang erreichen und von einem multipolaren System, wenn drei oder mehr Staaten zu Großmächten werden. Ein Staat gilt dann als „Großmacht", wenn ihm überlegene Machtressourcen obliegen. Eine Machtkonzentration auf eine Großmacht verringert die von der Anarchie generierte Unsicherheit und Machtkonkurrenz, wo hingegen Machtdifferenz Unsicherheit und Konkurrenz begünstigt, also einen gegenteiligen Effekt hat.

---

[27] Vgl. Waltz 1979, S. 104
[28] Vgl. Schimmelfennig 2017, S.70
[29] Vgl. Schimmelfennig 2017, S. 73

2.3 Sicherheitsdilemma

Prinzipiell wäre ein Frieden möglich, wenn sich alle Staaten einander gegenüber defensiv verhalten würden, doch die Unsicherheit, dass Staat A das defensive Verhalten von Staat B ausnutzen könnte, um sich einen relativen Machtvorsprung zu verschaffen, ist groß. Staat B hat also folgende Möglichkeiten: er könnte einerseits das Risiko eingehen oder andererseits darauf vertrauen, dass sich Staat A ebenfalls defensiv verhält. Doch scheinen beide Möglichkeiten wenig umsetzbar, da es hier immerhin um die Existenz des eigenen Staates geht, was wiederum ein eher risikoscheues Verhalten seitens des Souveräns erfordert. Des Weiteren wäre es ebenfalls sehr unklug darauf zu vertrauen, dass sich ein gegnerischer Nationalstaat defensiv verhält, denn „woher sollen sie diese Gewissheit nehmen, wenn außen - und sicherheitspolitische Entscheidungen unter großer Geheimhaltung gefällt werden und kein souveräner Staat sich internationaler Kontrolle unterwirft?"[30]. Man geht also lieber vom „worst case" aus und beginnt, zum Schutz des eigenen Staates, aufzurüsten. Der gegnerische Staat wiederum rüstet daraufhin mehr auf, um seinen Konkurrenten im Falle eines Krieges schlagen zu können. Dieser Konkurrent tut wiederum das gleiche, dessen Konkurrent wiederum ebenfalls und so beginnt eine andauernde Spirale des Wettrüstens. Dieses wechselseitige Misstrauen bedingt die anarchisch begründete Machtkonkurrenz, die „Wettrüsten" als Interaktionsmechanismus zur Folge hat. So kommt es auch, dass Staaten, die gar nicht nach Machtgewinn streben in diesen Interaktionsmechanismus einsteigen müssen, da sie sonst Gefahr laufen, von anderen, mächtigeren Staaten unterworfen zu werden.

Auf der anderen Seite gibt es wiederum auch offene Positionalisten, also Staaten, die daraufhin arbeiten die Rolle des Hegemons im internationalen System einzunehmen. Sie sind dem Mechanismus des Machtgleichgewichts unterworfen, der in der Literatur oft *balancing* genannt wird. Beispielsweise gewinnt ein Staat A durch Bevölkerungswachstum, Territorialgewinne oder neue Energieressourcen an Macht. Staat B betreibt daraufhin Gleichgewichtspolitik und versucht seinen Machtverlust durch die Mobilisierung eigener Machtressourcen, wie zum Beispiel der Förderung eigener Industrie oder der Entwicklung überlegener Waffen, auszugleichen. Diesen Prozess nennt man auch *internes balancing*.

---

[30] Schimmelfennig 2017, S. 80

Falls das nicht ausreicht, um den Machtvorsprung des Staates A auszugleichen, hat Staat B ebenfalls die Möglichkeit, externe Gleichgewichtspolitik zu betreiben, indem er sich zu einem Bündnis mit Staat C oder Staat D entschließt. Staat A hingegen wird jedoch keine Bündnispartner finden. Da er bereits die größte Macht besitzt, laufen schwächere Staaten durch ein Bündnis Gefahr, ihre eigene Souveränität und politische Autonomie zu verlieren. Aus diesem Grund kommt es letztlich immer zum Zusammenschluss schwächerer Staaten.

2.4 Ordnung durch Zwang – Zwangsmacht

Machtkonkurrenz und Machtgleichgewicht sind Interaktionsmechanismen negativer Handlungskoordination. Um der militärischen Macht eines überlegenen Staates nicht zum Opfer zu fallen, bilden Staaten eine Gegenmacht. Dieser Prozess wiederum beruht also auf Zwang, da der unterlegene Staat sonst befürchten muss, dass ihn andere Staaten angreifen. Es ergibt sich also eine wechselseitige Androhung von Zwang. „Militärische Macht ist jedoch für den Realismus auch das erfolgreichste Mittel der positiven Handlungskoordination, also der Verwirklichung politischer Ziele durch internationale Kooperation."[31] Andere Methoden der Kooperation werden gescheut, aus Angst hintergangen, betrogen oder gar abhängig zu werden. In der Regel gibt es also keine freiwillig initiierte Kooperation der Staaten untereinander.

Das wirksamste Mittel um Staaten also zur Zusammenarbeit zu bewegen, ist *Zwang*. Demnach ist die Zwangsmacht das zentralste Mittel internationaler Handlungskoordination. Somit entsteht ein Hegemon, der seine militärische Übermacht nutzt, um Regeln für die internationale Zusammenarbeit festzulegen und andere Staaten dazu zwingt, sich an diese Regeln zu halten und der im Fall des Regelverstoßes sanktioniert.

3 Liberalismus

Die Idee des liberalistischen Staates geht ursprünglich auf John Lockes *Two Treatises of Gorvernment* zurück. Als einer der zentralsten Begründer der Staatstheorie gilt Immanuel Kant, der sich in seinen Studien zum Liberalismus ganz der Frage nach dem

---

[31] Schimmelfennig 2017, S. 83

Frieden gewidmet hat und somit als „Begründer des Friedens"[32] gilt. Ebenfalls entstand das Konzept unter Kants idealistischem Menschenbild. Er nahm an, dass der Mensch von Natur aus vernunftbegabt, lernfähig, sowie einsichtsvoll wäre. Weitere namenhafte und zeitgenössische Vertreter des Liberalismus sind unter anderem Ernst-Otto Czempiel und Andrew Moravcsik. Moravcsik geht davon aus, dass die zentralen Akteure der internationalen Beziehungen nicht die souveränen Nationalstaaten sind, sondern, dass Staatshandlungen in der Außenpolitik stets das Ergebnis gesellschaftlicher Verhältnisse und Interessen sind.

3.1 Grundannahmen

Die Literatur nach Moravcsik spricht von drei Grundannahmen im präferenzorientierten Liberalismus.

Der erste Grundsatz besagt, dass die Gesellschaft Vorrang gegenüber dem Staat hat. Liberalismus ist aus Sicht des Staates das Ergebnis von spezifischen gesellschaftlichen Verhältnissen. Umrissen wird das Phänomen mit der „Bottom up-Sicht". Dieser Begriff bedeutet, dass die Gesellschaft, in der individuelle und kollektive Akteure mitwirken, das bestimmende Subjekt internationaler Politik ist.

Die zweite Grundannahme setzt innergesellschaftliche Repräsentation und staatliche Präferenzbildung in den Vordergrund. Nach Moravcsik haben Staaten keine einheitlichen Akteure, sondern repräsentative Institutionen. Diese Institutionen, die Moravcsik nicht nur auf formale Merkmale staatlicher Institutionen begrenzt, sondern ebenfalls informelle Institutionen einschließt, übermitteln ihre Interessen an die Regierung und sind somit also ein „Transmissionsriemen dominanter gesellschaftlicher Präferenzen"[33]. Der Staat überträgt demnach die durchsetzungsfähigsten gesellschaftlichen Interessen in außenpolitische Staatspräferenzen und handelt aufgrund dessen in Bezug auf die Weltpolitik zweckgebunden.

Der dritte und letzte Grundsatz widmet sich der internationalen Umwelt und interdependenten Präferenzordnungen. Zunächst lässt sich sagen, dass sich Handlungsmuster der internationalen Politik statt aus internationaler Machtverteilung oder Institutionen, aus sozialem Kontext herausbilden. Dennoch spielt die

---

[32] Schimmelfennig 2017, S. 139
[33] Schnieder 2003, S.6

Konfiguration von Staatsinteresse eine kleine, aber dennoch bedeutende Nebenrolle, denn laut Moravcsik ist die Kompatibilität zweier Staaten entscheidend für die Art der Beziehung, denn die einzigen möglichen Handlungsoptionen sind Kooperation oder Konflikt. Zusammengefasst bedeutet der dritte Grundsatz also, dass die Konfiguration der interdependenten Staatspräferenzen durch das staatliche Verhalten und die Outcomes internationaler Politik bestimmt sind.

3.2 Strukturwirkungen

In seinem Buch „Internationale Politik" spricht Schimmelfennig von zwei wesentlichen Strukturwirkungen.

Unter dem Begriff *Selektion* fasst man die Auswahl der gesellschaftlichen Anforderungen, die an die staatliche Außenpolitik gerichtet werden, zusammen. Die inneren Strukturen der Staaten, also die Machtverhältnisse zwischen staatlichen und gesellschaftlichen Akteuren, haben gewichtigen Einfluss darauf, welche Akteure sich im innerstaatlichen Entscheidungsprozess durchsetzen und gleichzeitig auch bestimmen, wie groß der Spielraum der staatlichen Akteure ist[34].

Die zweite bedeutsame Strukturwirkung im Liberalismus wird als *Externalisierung* bezeichnet. Die Verhaltensweisen und Politikstile, derer sich staatliche Akteure bedienen, werden durch subsystemische Strukturen geprägt. Bei den Staaten im internationalen Gefüge lässt sich eine Tendenz erkennen, die dahingeht, sich sowohl außen - als auch innenpolitisch identisch zu verhalten. Es kommt also demnach zu einer Fortsetzung der Innenpolitik über die Staatsgrenzen hinaus, denn die von den gesellschaftlichen Verhältnissen und institutionellen Regeln profitierenden innerstaatlichen Akteure haben die Macht, sich im außenpolitischen Entscheidungsprozess durchzusetzen.

Das führt zu einer weiteren Annahme des Liberalismus: die Staaten und Gesellschaften streben eine internationale Umwelt an, die ihrer eigenen Ordnung entspricht oder allenfalls mit ihr vereinbar ist. Das Verhalten der Staaten im internationalen Gefüge ist von Faktoren abhängig. Die sozio-ökonomische Struktur, die dominierende Herrschaftsordnung, sowie die Stärke des Staates, aber auch Interessenvermittlung und Demokratietyp sind Bestimmungsfaktoren der Außenpolitik.

---

[34] Vgl. Schimmelfennig 2017, S. 143

11

3.3 Struktur- und Präferenzkonstellation

Struktur- und Präferenzkonstellationen gelten in der Literatur als die Interaktionsmechanismen des Liberalismus.

Um die Wirkung der Prozesse und Ergebnisse von internationaler Politik im Liberalismus zu verstehen, ist die Betrachtung der subsystemischen Strukturen und die durch sie geprägten außenpolitischen Präferenzen durch die verschiedenen Staaten zueinander zentral. Die Konstellation der Strukturen und Präferenzen wirken sich in doppelter Hinsicht auf die Interaktion zwischen den Regierungen aus: einerseits verschärft oder entschärft sie Dilemmasituationen, andererseits definiert sie den Grad der Gemeinsamkeit der Interessen zwischen den Staaten. Das schafft wiederum mehr oder weniger große Spielräume für Frieden und Kooperation.

Laut Schimmelfennig entsteht Frieden, „Wenn Staaten aufeinandertreffen, deren interne Strukturen verlässlich nicht-militärische außenpolitische Ziele und/oder einen gewaltfreien Politikstil hervorbringen [...]"[35]. Ist das der Fall, gilt das Sicherheitsdilemma als überwunden. Die internationale Kooperation wird durch die Interaktion von Staaten erleichtert, die sich durch eine verlässliche und regelgeleitete Struktur kooperative Politikstile erzeugen[36], denn die haben die innere Tendenz zu Kooperation und der Einhaltung von Regeln, was wiederum den positiven Effekt hat, dass es bei diesen Nationalstaaten keiner Sanktionierung und Überwachung bedarf.

Ein weiterer wichtiger Punkt ist die Stärkung von Frieden und Kooperation mittels Transparenz bei politischen Entscheidungsprozessen. Hinzu kommen mehrere subsystemische Strukturen, wie beispielsweise die Öffentlichkeit, Gewaltenteilung und Rechtsstaatlichkeit, die für Transparenz sorgen. Je mehr solche subsystemischen Strukturen es gibt, desto weniger Institutionen werden benötigt, die die Vertragstreue der Staaten überwachen. Das Ganze kann natürlich nur funktionieren, wenn alle Staaten entsprechende Strukturen aufweisen.

Nach Moravcsik gibt es drei variable außenpolitische Präferenzkonstellationen, die Harmonie, Konflikt und Interdependenz heißen[37] [38]. Von ihnen hängt ab, ob, inwieweit und wie tiefgehend Kooperation im internationalen Staatengefüge stattfindet. Herrscht *Harmonie* zwischen zwei Staaten so bedeutet dies, dass ihre Ziele im Einklang, also

---

[35] Schimmelfennig 2017, S. 147
[36] Vgl. Schimmelfennig 2017, S.147
[37] Vgl. Schimmelfennig 2017, S. 151,
[38] Vgl. Moravcsik 1997, S. 520f

miteinander vereinbar sind. Befinden sie sich im *Konflikt*, heißt das, die Ziele der beiden Staaten sind unvereinbar. Betitelt man die Beziehung zweier Staaten mit dem Begriff *Interpendenz* bedeutet dies, dass ihre Ziele teils im Einklang, teils konkurrierender Natur sind. Alle diese drei Konstellationen hängen stets von innerstaatlichen Faktoren ab. Wichtig zu betonen ist wohl, dass die Kooperationschancen bei Harmoniekonstellationen am höchsten, bei Interdependenzkonstellationen entsprechend geringer und bei Konfliktkonstellationen letztendlich gering bis hin zum nicht Zustandekommen einer Kooperation sind.

3.4 Die 2-Ebenen-Verhandlungsmacht

Allgemeinhin lässt sich sagen, dass Regierungen sowohl untereinander, als auch mit durchsetzungsfähigen innerstaatlichen Akteuren verhandeln. Die Relevanz der innerstaatlichen Verhandlungsebene hängt ab von zwei Faktoren. Zum einen wären da die subsystemischen Strukturen, zum anderen die institutionellen Regeln. Davon ausgehend entwickelte man die Annahme, dass Regierungen in internationalen Verhandlungen simultan mit anderen Regierungen und mit innerstaatlichen Vetospieler verhandeln, die dem Ergebnis zustimmen müssen.

Abgeleitet davon entwarf man den Zwei-Ebenen-Ansatz. Er stellt die theoretische Verbindung zweier Analyseebenen dar: der systemischen bzw. internationalen Ebene und der subsystemischen bzw. innenpolitischen Ebene[39]. Staatsleute nehmen hierbei die zentrale Rolle des strategischen Akteurs ein, denn sie folgen eigenen Zielen, wie zum Beispiel Machterhalt[40]. Wenn staatliche Akteure an internationalen Verhandlungen teilnehmen, müssen diese bei der Wahl ihrer Strategien gleichzeitig die Zwänge und Handlungsmöglichkeiten sowohl im innenpolitischen, als auch im internationalen Bereich bedenken[41].

Zur Veranschaulichung des Zwei-Ebenen-Ansatzes bietet sich die Zwei-Tische-Metapher an[42]. Staatsmänner verhandeln an jeweils zwei Tischen: einem internationalen, aber auch einem innenpolitischen[43]. Sie befinden sich dabei in janusköpfiger Stellung, denn er versucht mittels seiner Autonomie sowohl

---

[39] Vgl. Moravcsik 1993, S. 23
[40] Vgl. Moravcsik 1993, S. 16
[41] Vgl. Moravcsik 1993, S. 17
[42] Vgl. Moravcsik 1993, S. 3
[43] Vgl. Putnam 1988, S. 433-435

innenpolitische, als auch außenpolitische Zwänge zu balancieren, jedoch auch eigene Interessen zu verfolgen.

Ziel des Zwei-Ebenen-Ansatzes ist es herauszufinden, wann, wie und warum die Innenpolitik die Außenpolitik dominiert und/oder umgekehrt und wann und wie die Autonomie der Staatsmänner auf beiden Ebenen größer oder kleiner werden[44].

4   Fazit

Prinzipiell lässt sich sagen, dass die beiden untersuchten Staatstheorien nur einige wenige Faktoren gemeinsam haben. Der Realismus definiert die Stärke seines Staates über die Macht des selbigen in Relation zu anderen Staaten, wohingegen der Liberalismus die Stärke dahingehend bemisst, wie durchsetzungsfähig der Staat gegenüber der Gesellschaft ist.

Ebenfalls prägnant sind die Ziele, die sich die Staatsformen für ihre Außenpolitik setzen: wo der Realismus nach Machtgewinn und Sicherheit für sich selbst strebt, versucht der Liberalismus gesellschaftliche Interessen durchzusetzen, selbst, wenn das den für ihn günstigen Zusatz von Machtgewinn verspricht. Da gesellschaftliche Interessen jedoch Priorität besitzen, ist der Fall möglich, dass Sicherheit womöglich nicht in dem Maß, wie es vielleicht nötig wäre, vorhanden ist.

Ein weiterer signifikanter Unterschied ist hinsichtlich der Ziele im internationalen System erkennbar. Während der realistisch geprägte Staat alles dafür tut, seine Macht gegenüber den anderen Staaten, mit denen er konkurriert, zu vergrößern, verfolgt der Staat im Liberalismus lediglich gesellschaftlich definierte Ziele, wenn es mit dem Fortbestand und der Existenz des Staates vereinbar ist.

Ebenfalls auffällig ist die Differenz zwischen den beiden Staatsmodellen, wenn man ihre jeweiligen Interessen näher betrachtet. Der Realismus schreibt sich vor allem Sicherheit und Wirtschaftspolitik auf die Fahnen, während der Liberalismus neben den klassischen wirtschaftlichen, auch idealistische und altruistische Interessen verfolgt, denn er sieht Macht allenfalls als Mittel zur Durchsetzung von Interessen, jedoch nicht als ein Mittel, das dem Selbstzweck dienen sollte.

Jedoch lässt sich ebenfalls feststellen, dass die Staatstheorien Gemeinsamkeiten aufweisen, die keinesfalls unbeachtet bleiben sollten. So sehen beide Theorien eine gewisse Handlungsfreiheit des Staates in der Außenpolitik vor, in der der Staatsmann

---

[44] Vgl. Putnam 1988, S. 15

14

politisch autonom und ungeachtet der Interessen der Bürger handeln kann. Zuletzt sollte angemerkt werden, dass zwar beide Staatstheorien in dem Status der Anarchie verankert sind, jedoch jede eine andere Herangehensweise im Hinblick auf die Außenpolitik, und somit auch ein anderes „Friedenskonzept" hat.

5   Quellenverzeichnis

- Dougherty, James E., und Robert L. Pfaltzgraff. *Contending theories of international relations: a comprehensive survey.* 5th ed. New York: Longman, 2001.
- Krell, Gert. *Weltbilder und Weltordnung: Einführung in die Theorie der internationalen Beziehungen.* 3., erw. Aufl. Studienkurs Politikwissenschaft. Baden-Baden: Nomos, 2004.
- Moravcsik, Andrew. Integrating International and Domestic Theories of International Bargaining. In: Evans, Peter B. / Putnam, Robert D. / Jacobson, Harold K. (Hrsg.): Double-Edged Diplomacy. Berkeley: University of California Press, 1933
- Morgenthau, Hans J., Kenneth W. Thompson, und W. David Clinton. *Politics among nations: the struggle for power and peace.* 7th ed. Boston: McGraw-Hill Higher Education, 2006.
- Putnam, Robert D. (Diplomacy and Domestic Politics: The Logic of Two-Level Games. In: International Organization, 1988.
- Schieder, Siegfried, und Manuela Spindler, Hrsg. *Theorien der internationalen Beziehungen.* UTB Politikwissenschaft 2315. Opladen: Leske + Budrich, 2003.
- Schimmelfennig, Frank. *Internationale Politik.* 5., aktualisierte Auflage. UTB Politikwissenschaft 3107. Paderborn: Ferdinand Schöningh, 2017.
- Waltz, Kenneth N. *Theory of international politics.* 1st ed. Boston, Mass: McGraw-Hill, 1979.
- https://link.springer.com/content/pdf/10.1007%2F978-3-531-92092-4_3.pdf
- https://www.princeton.edu/~amoravcs/library/preferences.pdf
- https://www.econstor.eu/bitstream/10419/112623/1/208610.pdf